Schwarze Magie, Hexerei und die Möglichkeiten der Schwarzen Kunst

von Nitibus

**übersetzt von
Alona Schandrak**

Gesamtherstellung: Bohmeier Verlag, Printed in Germany

Die ursprüngliche Ausgabe erschien 1913 in St. Petersburg im Verlag vom Milstein.

ISBN 978-3-89094-331-2

Schwarze Magie, Hexerei und die Möglichkeiten der Schwarzen Kunst

von Nitibus

übersetzt von
Alona Schandrak

Inhaltsverzeichnis

Vorwort des Verlages

Dies ist die Übersetzung eines Grimoirs eines Autors namens „Nitibus“, erschienen 1913 in St. Petersburg. Demgemäss sind viele der hier dargelegten Unternehmungen, Anrufungen, Rituale, Salben und Cremes diesem Zeitgeschehen zuzuordnen.
So werden zum Beispiel in einigen Salben spezielle Substanzen (wie z. B. Blei, Quecksilber) verwandt, die zum Teil HOCHGIFTIG sind.
Auch pflanzliche Bestandteile sind davon nicht ausgenommen (wie z. B. Mandragorawurzeln, Mohnkapseln u.v.m.) und wir weisen deshalb ausdrücklich darauf hin, dass wir hiermit NICHT zum Drogenmissbrauch, egal in welcher Form aufrufen.[1]
Vor allem jedoch möchten wir darauf hinweisen, dass wir mit diesem Buch IN KEINEM FALL zu Baby-, Kindes- oder Menschenmord aufrufen wollen (dies gilt im wesentlichen für alle Arten von Lebewesen).
Wir sehen diese Teile des Buches als historisch an und haben sie der Vollständigkeit halber widergegeben. Einige Bereiche der Talismanmagie werden Sie sicher zu eigenen Kreationen anregen.

Vorwort zur ursprünglichen Ausgabe

Schwarze Magie oder Hexerei und Schwarze Kunst sind jene Bereiche der Geheimwissenschaften, die es uns ermöglichen, mit dem Teufel in Verbindung zu treten und mit oder ohne seine Hilfe die eigenen Wünsche zu verwirklichen. In Mittelalter (insbesondere in Europa) war das Studium der Schwarzen Magie sehr weit verbreitet. So auch bei Papst Silwester II. und Leo III., die beide Sammlungen von Zaubersprüchen und verschiedene magische Rezepte hinterlassen haben. Auch viele andere herrschenden Personen und Wissenschaftler haben sich mit Übungsmagie und praktische Magie beschäftigt.
Schon am Ende des XIII. Jahrhunderts existierte eine Vielzahl von Büchern über Schwarze Magie in verschiedenen Sprachen: arabisch, lateinisch, italienisch, spanisch, deutsch, englisch und russisch. In diesen Büchern wurden detaillierte Regeln, Riten und Anweisungen beschrieben, wie man die bösen Geister beschwört und sie zwingt, dem Willen des Zauberers zu gehorchen. Das Studieren der Schwarzen Magie war sehr beliebt im XV. Jahrhundert, die Bücher über Schwarze Magie wie z. B. „Schwarzer Drache“, „Schwarzer Rabe“, „Roter Drache“, und verschiedene Werke von Leo dem III., Honoriy dem III., Albert der Grosse wurden weit verbreitet gelesen. Diese Epoche kennzeichnet sich durch die Feuer, in denen die Zauberer und Hexen, aber auch unschuldige Personen verbrannt wurden. In dieser Zeit ist auch ein Zauberer und Alchimist bekannt geworden, der im Baby-Blut Elemente für die Zusammenstellung des Weisheitssteins gefunden haben will. So hat er mehr als 150 Kleinkinder und ebenso viele Schwangere umgebracht.

---

[1] Der Titel "Die Rauschdrogen der Hexen" von Wilfried Weustenfeld, Bohmeier Verlag, behandelt viele dieser Drogen und deren Giftigkeit ausführlich.

Der Sabbat, der Zauberer und die Hexen

Das Mittelalter war die Zeit der religiösen und wissenschaftlichen Unwissenheit, der unmoralischen Handlungen und der Unzucht. Diese Zeit hat die sonderbare und schwer verständliche Erscheinung des Sabbat entstehen lassen.

Wir können sagen, dass die Entstehung des Sabbats mit der Existenz des religiösen Fanatismus, des Zionismus und der Unzucht ziemlich leicht erklärt werden kann. Aber es war auch die Zeit, da Geheimwissenschaften und scholastische Theologie verbreitet studiert wurden. Deshalb fragen wir uns: Wie konnte es zu diesen Bestrebungen kommen? Die Antwort ist klar.

Die abergläubischen Menschen jener Zeit glaubten, dass Gott diese Bestrebungen nicht fördert. Also konnten sie nur die Hilfe und die Protektion von bösen Geistern erwarten. Diese Personen lechzten nach Genuss und ersehnten den Schutz des Teufels. Sie sollten Gott beschimpfen und heilige Riten entweihen. Die wirklichen Gründe für die Entstehung des Sabbats sind vergessen. Aber jeder, der die Geheimwissenschaft des Mittelalters studiert, erkennt, dass der Sabbat in jener Zeit sehr weit verbreitet war, weil man entweder ein Fanatiker oder ein Schuft war.

Obwohl der Sabbat in jeder Nacht durchgeführt werden konnte, wurde er vorzugsweise in der Nacht von Freitag auf Samstag gefeiert; der Hauptsabbat aber, der so genannte Jahres-Sabbat, fand immer in der Nacht des 23. Juni statt.

Am Abend des Tages, an dem in der Nacht Sabbat sein sollte, versammelten sich die Zauberer und die Hexen an einem einsamen und stillen Ort, wo die Figur eines Halbmensch-Halbziegenbockes aufgestellt wurde. Die Zauberer sollten den Anus, die Hexen manchmal das membrum vilirem der symbolischen Figur des bösen Geistes küssen. Hier wurden auch religiöse Riten entweiht und alle Hexen und Zauberer rieben sich mit einer besonderen Salbe ein. Mit der Sabbatsalbe wurde die Orgie begonnen, bei der die perversesten Weisen der Unzucht zugelassen wurden. Bei Tagesanbruch zerstreute man sich dann in alle Winde.

Manchmal geschah es, dass diese Verrückten sich zu Hause mit der Salbe einrieben. Dann gaukelte ihnen ihre Phantasie unwahrscheinliche Bilder vor, denen die narkotischen Eigenschaften der Sabbatsalbe besondere Realität verlieht.

Die Rezepte der Salben haben Porta und Kardan aufgeschrieben.

1tes Rezept:

Den Absud aus Akonit und Pappelblättern muss man mit einigen anderen Kräutern mischen. Das alles soll mit Ruß aus dem Ofenrohr gemischt werden.

(Porta)

2tes Rezept:

Eliphas Levi hat dieses Rezept als sehr wirksam angesehen und es nach Grimoirsweise abgeschrieben.

Suim, acorum vulgare, pentaphilon, verpertillionis sanguinem, sollanum somniferum et oleum kocht und mischt man bis zur Konsistenz der Salbe.

(Porta)

3tes Rezept:

Dies ist die Komposition aus Opium, der Spitze des grünen Hanfs (Cannabis sativa oder besser Cannabis indica), den Beeren und Blättern des Lorbeerbaums und des Stechapfels (Datura Stamonium). Aus diesen Komponenten und dem Fett der nächtlichen Vögel (z. B. der Eule) kocht man die Salbe.

(Levi)

4tes Rezept:

Diese Salbe besteht aus giftigem Lattich, Sumpfsellerie, Conium, Mandragorawurzeln, grünen Mohnkapseln und Schlangenblut.

(Verfasser unbekannt)

Zauberer unterscheiden 3 Arten von Salben:

1) Salbe, die Halluzinationen bewirkt; man kocht sie aus Akonit, Nachtschatten, Sellerie und Ruß.
2) Salbe, welche in Halluzinationen die Illusion des Fluges gibt. Solche Salbe besteht aus Katzenhirn, viel Alkohol und Belladonna.
3) Salbe, welche die Illusion hervorruft, ein Tier zu sein. Zu dieser Salbe gehören Körperteile des Skorpions, der Schlange, des Igels, des Fuchses und einige Kräuter mit ihren Wurzeln. Sie besteht auch aus dem Mist von Kriechtieren und Raben, der mit Fledermausblut gemischt wird.

Die Beschwörung des Teufels und böser Geister

Okkultismus und die Kirche haben verschiedene Ansichten über den Teufel und böse Geister. Der Okkultismus nennt sie (den Teufel und böse Geister) „astral“ und unterteilt die Bewohner der Astralwelt auf folgende Weise:

1) Elementale, sie sind unbelebte Wesen auf der hohen Stufe der instinktiven List
2) Geister, sie sind verirrte Seelen
3) der Teufel, er ist der Egregor der Bosheit

Die erste beiden können auch bei guten Dingen helfen, aber der Teufel hilft nur bei bösen, weil sein ganzes Streben nur auf Bosheit ausgerichtet ist.

Das magische Axiom

Jeder Gedanke oder seine Veräußerung (d.h. ein Wort oder ein Satz) verwirklicht sich in der Astralwelt.

Die Folgerung daraus

Ein Mensch, der von der Existenz des Teufels überzeugt ist, kann ihn realisieren, wenn er (diese Person) es wünscht.

Einige Regeln für die erfolgreiche Beschwörung des Teufels

1) Ganze und volle Idee des Teufelskultes zu erschaffen.
2) Zu glauben, dass alles möglich ist, selbst das Unglaubliche.
3) Alles zu verachten, was mit dem Begriff des Gutes, des Lichtes und der Harmonie verbunden ist.
4) Einen Wunsch zu haben, der an die Bosheit gerichtet ist.
5) Ein Gewissen zu haben, das im Bösen versunken ist, und das keine Angst und keine Gewissensbisse kennt.
6) Die religiösen Riten und Gegenstände (z. B. das Kreuz) zu entweihen.
7) Ein blutiges Opfer zu bringen.

Magischer Jagdspieß

Der Magische Jagdspieß ist ein Stock aus dem Holz des Waldhaselnussstrauches oder des Mandelbaumes. Diesen Stock muss man zu passender Zeit mit einem neuen Messer abholzen, das für die Opferung benutzt wird. Achten Sie darauf, dass der Stock mit einer Verzweigung endet. Dieser Jagdspieß soll mit Stahl oder Eisen beschlagen sein.

Wenn man sich auf die Beschwörung vorbereitet, soll man 15 Tage fasten. Im Laufe dieser Tage isst man nur einmal pro Tag nach dem Sonnenuntergang Schwarzes Brot mit Blut. Das Essen soll mit einem Pulver gewürzt sein, das aus narkotischen Kräutern besteht. Kein Salz!!!

Wenn man schon seit 5 Tagen fastet, darf man zum Essen ein Glas Wein trinken, dem man zuvor 5 Stunden lang 5 Kapseln des schwarzen Mohns

(p a v o t s n o i r s)

und 5 Unzen[2] Hanfsaatgut ziehen gelassen und den Unterwäsche-Inhalt einer unzüchtigen Frau beigemischt hat.

Die Beschwörung führt man in der Nacht von Montag auf Dienstag oder von Freitag auf Sonnabend durch. Zuerst wählt man einen einsamen Ort, der in schlechtem Ruf steht; so wie ein Friedhof, eine einsam gelegene Ruine, ein Verließ eines ungepflegten Klosters oder ein Ort, an dem ein Mord verübt wurde. Das heißt auch, dass es ein Ort, eine Stelle sein sollte, an dem man ohne Störung arbeiten kann. Wenn man die Stelle ausgewählt hat, errichtet man dort einen druidischen oder heidnischen Altar.

Dann soll man sich schwarze Kleidung mit einer Tiara anziehen, die mit bleigrauen Venus-, Saturn- und Mondzeichen bestickt ist. Dazu braucht man zwei Kerzen aus Menschen-Fett, zwei Sandelholzstücke, ein Opfermesser mit halbmondförmiger Klinge, zwei Kränze, die aus Weidenzweigen geflochten sind; einen magischen Degen mit schwarzem Handgriff, einen magischen Jagdspieß, einen Kupferbecher für das Opferblut und einen Dreifuß für das Räuchermittel.

Das Räuchermittel besteht aus Weihrauch, Kampfer, Aloe, grauem Ambra, Styrax (aromatischer Balsam, der aus geritzten Bäumen fließt. Solche Bäume sind: Styrax officinals, Styrax benzoin, Styrax caroliana). Diese Komponenten sollen mit Maulwurf-, Ziegenbock- und Fledermausblut vermischt werden und dann zu Kügelchen gerollt werden.

Aber das ist noch nicht alles. Man soll außerdem noch vier Nägel aus dem Sarg eines Menschen, der hingerichtet wurde, den Kopf eines schwarzen Katers, eine Fledermaus, die in Blut ertränkt wurde, den Kopf eines Ziegenbockes mit Hörnern und den Schädel eines Mörders haben. Wenn dies alles vorhanden ist, darf man mit den Vorbereitungen der Beschwörung beginnen.

Man zeichnet den magischen Kreis und in diesen ein Dreieck. In eine Ecke des Dreiecks stellt man den Dreifuß für das Räuchermittel; ihm gegenüber soll ein kleiner Kreis für die Person sein, welche die Beschwörung durchführt. In die beiden anderen Ecken zeichnet man zwei gleiche Kreise, einen für den Assistenten, einen mit dem Monogramm von Konstantin.

Das Fell des abgestochenen Opfers soll man in Streifen schneiden; aus diesen Streifen legt man den inneren Kreis aus und befestigt sie mit den vier Nägeln. Zwischen die Nägel, aber außerhalb des Kreises stellt man den Katerkopf, den Menschenschädel, die Ziegenbockhörner und die Fledermaus, die mit Hilfe des Birkenzweiges mit dem Opferblut bespritzt ist. Auf den Dreifuß legt man Holzkohle von Erle und Zypresse, auf die man dann das Räuchermittel gibt.

---

[2] **Eine Unze**, Angelsächsisches Gewichtmaß: 1 Unze = 28,35 Gramm, als Apothekergewicht 31,19 Gramm. **1 Gran** = Altes Apothekergewicht, rund 65 Milligramm.

Nur nach dieser Vorbereitung darf man die Zaubersprüche aussprechen, die von Peter Dapono und anderen Grimoirs genannt werden. Wir haben nur einige von diesen Zaubersprüchen.
Grand Grimoir hat in seinem bekannten „Roter Drache“ (Dragon rouge) folgenden Zauberspruch angegeben:
„Per Adonai Eloim, Adonai Iehova, Adonai Sabaoth, Metraton on Agia Adonai Mathon, verbum pythonicum, misterium Salamandrae, conventus silphorum antra gnomorum, daemonia Coeli Gad, Almousin Girop, Evam, Zariatnatmik, veni, veni, veni.“

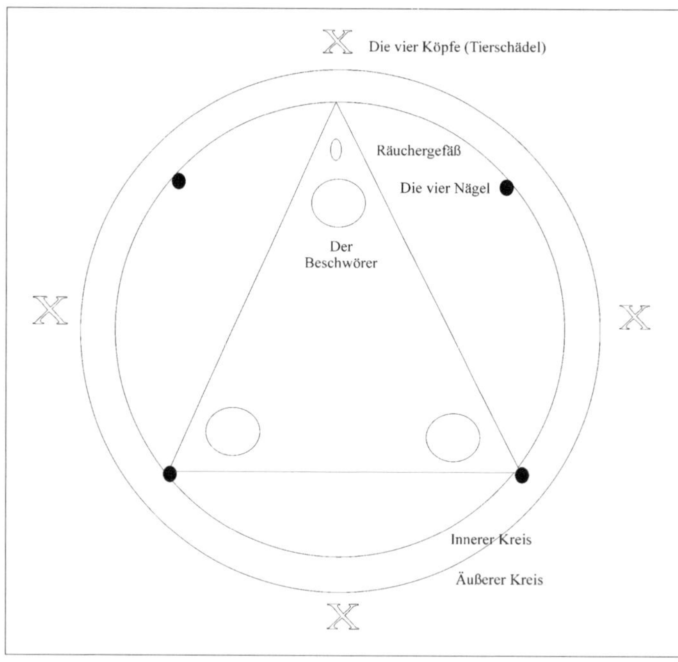

Ein hervorragender Zauberspruch von Kornilyi Agrippa besteht nur aus diesen Wörtern:
„Dies mies Ieschet boenedoesef Douvem enitemaus“.
Diese Zaubersprüche sind nicht sehr leicht auszusprechen und zu verstehen, aber je wilder und barbarischer sie sind, desto mehr lassen sie real werden.
Die Zaubersprüche sollen mit stufenweise sich erhebender Stimmung ausgesprochen werden. Wenn man es richtig gemacht hat, dann erscheinen verschiedene Phantome, kalter Wind, Geräusche wie Klopfen und Krachen, kleine phosphoreszierende Lichter.
Der beste und wirkungsvollste Zauberspruch von Peter Dapono, der hilft, den Teufel zu beschwören, lautet:
„Hemen-Etan! Hemen-Etan! Hemen-Etan! EI Ati Titeip Asia Hyn Ten Minosel Achadon vay vaa Eye Aaa Eie A EI EI EI A Hy! Hau! Hau! Hau! Hau! Va! Va! Va! Va! Cbavajoth.
Aie Saraye, aie Saraye, aie Saraye, aie Saraye! Per Eloym, Archima, Rabur, Bathas Super Abrac ruent Supervenius Abcor Super Aberer Chavajoth! Chavajoth! Impero tibi per clavem Salamonis et nomen magnum Gemhamphoras.”

Eigene magische Instrumente

So genannte magische Stäbe, die im Okkultismus benutzt werden, können wir in drei Gruppen unterteilen:

1) Magischer Stab, den man bei verschiedenen magischen Riten benutzt
2) Magisches Stäbchen, das man zur Behandlung verschiedener Krankheiten benutzt
3) Magische Gerte, die man bei der Suche nach Schätzen und Metallvorkommen verwendet

Magischer Stab

Man benutzt ihn für die Vergegenständlichung und Materialisation von Wünschen und Gestalten, die man zum Leben erwecken möchte. Mit diesem Stab fährt der Zauberer um seinen magischen Kreises herum, um sich gegen feindliche Einflüsse innerhalb des Kreis zu sichern.
Mit dem gleichen Stab haben verschiedene Zauberer nur mit einer Berührung Tiere getötet. Es gibt Zeugnisse darüber, dass es eine Hexe gab, die auf solche Weise ein Kind getötet hat.
Es gibt einige Methoden, den Stab anzufertigen.

1ste Methode

Am ersten Mittwoch des Mondmonats, zwischen 11 und 12 Uhr in der Nacht soll man den jungen Trieb eines Nussstrauches mit dem neuen Messer abschneiden. Dann segnet man ihn und auf die dicke Seite schreibt man **Agla**, in die Mitte **On** und auf die dünne Spitze **Tetragramaton**. Wenn man das getan hat, soll man sagen: **„Conjuro te cito mihi obedir“** und den Stab dann mit dem Sonnenräuchermittel ausräuchern.

2te Methode

In der Zeit des zunehmenden Mondes schneidet man den Stamm des Nussstrauches ab, der noch keine Frucht hat. Dann befestigt man um diesen Stab sieben Ringe aus Metall (jeder Metallring soll einem bestimmten Planeten entsprechen: Sonne, Mond, Merkur, Venus, Mars, Jupiter, Saturn). An den Spitzen befestigt man zwei kleine magnetisierte Kugeln, eine mit positiver Ladung, die andere mit negativer.

3te Methode

Vor Sonnenaufgang, in aller Frühe, schneidet man mit dem magischen Messer einen Mandelbaumzweig oder den Zweig eines Waldhaselnussstrauches ab. Der Zweig soll gerade und 60 bis 100 Zentimeter lang sein. Den Stab soll man ganz vorsichtig durchbohren. Dann steckt man eine lange Nadel aus magnetisiertem Stahl in die Bohrung. Die Nadel soll fest im Stab bleiben und ihre Spitze sollte ein bisschen hervorschauen. An der Stabspitze befestigt man Polyeder, deren Flächen Dreiecke aus Hartgummi oder Harz sind. In der Mitte des Stabes befestigt man zwei Ringe: einen aus reinem Kupfer, einen aus Zink Auf den Kupferring graviert man: ךרשר˙סחסרשח,

Und auf den Zinkring חםלך שלטה.

Die Flächen des Polyeders schmückt man mit Silber aus.
Dieser Stab wird nur für die wichtigsten Riten benutzt, aber vorher soll man ihn weihen. Eine Weihung dauert 7 Tage und wird bei zunehmendem Mond durchgeführt.

Magisches Stäbchen

Ein magisches Stäbchen wird zur Behandlung einiger Krankheiten in der okkulten Medizin benutzt.

1ste Methode

Am 12. September, am 3. Januar oder am 23. Juli, wenn die Sonne im Sternbild des Löwen steht, vor Sonnenaufgang bei zunehmendem Mond schneidet man einen jungen Eschenbaum ab. Dann entfernt man die Rinde und macht aus diesem Baum ein kleines Stäbchen. Es stillt das Blut und es hilft auch dabei, Eiterungen und Geschwüre zu behandeln.

2te Methode

Wenn der Saturn in der Jungfrau steht, soll ein Junge einen Eschenzweig abschneiden. Ein Stäbchen aus diesem Zweig hilft Schmerzen zu lindern, die Gicht zu heilen und Wunden trocken zu machen.

Magische Gerte

Die Magische Gerte wird auch als die *Gerte des Merkur* (Virgula mercurialis) bezeichnet. Diese benutzt man für die Suche nach Schätzen und verschiedenen Metallen.
Hier müssen wir sagen, dass diese Gerte nicht in jeder Hand funktioniert. Wenn Sie prüfen möchten, ob sie bei Ihnen funktioniert, dann sollten Sie an die verzweigte Spitze der Gerte fassen und sich dann auf etwas stellen, was Sie finden möchten. Wenn die Gerte in Ihren Händen anfängt sich zu drehen, dann haben Sie dieses Talent.
Aber Sie sollten auch wissen, dass Sie diese Gerte nur dann benutzen können, wenn Sie eine empfängliche und nervöse Natur haben.[3]
Was die Bäume angeht, aus der man die Gerte anfertigen kann, müssen Sie folgendes wissen: Der Nussstrauch ist der beste Baum für das Auffinden von Silbererz, die Esche für Kupfererz, die Edeltanne für Blei. Wenn Sie Gold finden möchten, dann sollen Sie eine Gertespitze mit Eisen beschlagen. Außer aus diesen Bäumen können Sie auch aus Mandel- und Weidenbaum eine Gerte machen.
Jetzt schlagen wir folgende Methoden vor.

---

[3] Leider wird in diesem alten Grimoir nicht ganz klar gesagt ob sich dies auf das Talent bezieht oder, dass wenn man das Talent hat, die Gerte nicht immer, sondern nur in bestimmten Stimmungen angewendet werden kann.

1ste Methode

Man soll einen verzweigten Ast des Nussstrauches wählen, der in der Nähe eines Bergwerks gewachsen ist. Vor Sonnenaufgang bei zunehmendem Mond und bei der passenden Stellung des Merkurs und des Jupiters schneidet man diesen Ast mit einem neuen Messer ab.

2te Methode

Am Mittwoch, in der Vollmondzeit, schneidet man einen Ast eines gewählten Baums (die Bäume, die früher aufgezählt worden sind) mit einem neuen Messer ab. Dieser Ast soll verzweigt, 45 bis 46 Zentimeter lang und dick wie Finger sein. Es ist besser, wenn der Baum jung ist.

3te Methode

In der Sonnenaufgangszeit nimmt man mit der linken Hand einen Nussstrauchzweig und schlägt ihn mit der Axt drei mal, zwei mal mit dem Axtblatt und ein mal mit dem Axtstiel. Dabei soll man aussprechen: „Ich holze dich zu Eloim, Muraphon, Adonaja und Salisphoriy Ehren ab, soll die Kraft des Stabes von Moisey und Iakow in dich eindringen und sollst du mir verschiedene Nutzen und Gebräuche bringen". Wenn man eine Gerte gebraucht, soll man sie an den beiden abzweigenden Enden halten und sprechen: „Ich befehle dir zu Eloim, Miraphon, Adonaja und Salisphoriy Ehren, mir ... (hier nennt man, was man sich wünscht) zu zeigen."

Magischer Degen

Der Magische Degen ist in den Riten der dunklen Magie unbedingt notwendig, weil er hilft, die elektrischen Kondensierungen und die Ansammlung der Astralkräfte herbeizuziehen. Mit diesem Degen schützt sich ein Zauberer vor dem Angriff der Astralbewohner. Die Hauptwirkung des Degens (und auch der anderen magischen Dinge aus Metall) liegt im folgenden: Wenn ein Zauberer diesen Degen auf materialisierte Phantome richtet, beginnen sich diese zu dematerialisieren.
Wir schlagen Ihnen zwei Methoden vor, nach denen Sie einen Degen anfertigen können.

1ste Methode

Man macht die Degenklinge aus Stahl oder aus Eisen und graviert in die Mitte den sechseckigen Stern ein. Dann schreibt man im Zentrum des Sternes den Namen des Geistes, dem man seinen Degen widmen möchte. Um diesen Stern herum graviert man ebenso viele Pentagramme, wie man Geister beschwören möchte (aber nicht weniger als vier). Den Degengriff macht man aus Hartgummi oder aus schwarzem Holz. Man verfertigt und weiht diesen Degen in passender Zeit bei zunehmendem Mond.

2te Methode

Man macht die Degenklinge aus Stahl und den Degengriff aus Kupfer. Der Degengriff soll wie ein Kreuz aus vier Halbmonden aussehen. Auf eine Seite des Degengriffes graviert man das Makrokosmoszeichen und auf die andere das Mikrokosmoszeichen. Daneben graviert man das magische Monogramm von Erzengel Michael (Sie können gleiches Monogramm im Buch von Korniliy Agrippa finden). Dann graviert man auf eine Seite in der Mitte des Degengriffes: und auf die andere das Monogramm von Constantinus (dieses steht im Buch von Papst Leo III).

Makrokosmoszeichen

Mikrokosmoszeichen

Man weiht den Degen am Sonntag in der Sonnenzeit und ruft den Erzengel Michael

an. Man räuchert die Degenklinge mit dem Räuchermittel aus, das aus Lorbeer und Zypresse besteht. Dann poliert man die Degenschneide mit der Asche, die vom magischen Feuer geblieben ist, und feuchtet sie mit Schlangen- und Maulwurfsblut an. Gleichzeitig soll man sagen: **„Cis mihi gladius Michaelis in vertute Eloim Gabaoth fugiant a te spiritus tenebrarum et reptilia terrae“.** Dann räuchert man den Degen mit dem Sonntagsräuchermittel aus und wickelt ihn zusammen mit einem Weidenbaumzweig in Seide ein. Nach 7 Tagen soll man die Seide verbrennen.

Die Ritualräuchermittel

Die Räuchermittel und Aromen spielen eine große Rolle in der praktischen Magie. Man kann sagen, dass es kein magisches Ritual gibt, bei dem die magischen Räuchermittel nicht verwendet werden.
Es gibt verschiedene Gründe, die erklären können, warum Zauberer bei magischen Riten Räuchermittel benutzen. Wir nennen folgende:

1) Räuchermittel oder Aromen fördern die Astralgerinnung. Sie ist sehr wichtig, wenn man Geister beschwört.
2) Aromen wirken auf den Astralkörper des Zauberers ein und bringen die Körperschwingungen in Harmonie. Und wenn diese Aromen disharmonisch wirken, wecken sie den Zorn, die Wut und den Ärger auf. Diese Züge sind notwendig in der Schwarzen Magie.

Wir sollten auch in Betracht ziehen, dass es Räuchermittel gibt, die aus narkotischen Stoffen bestehen und den Körper paralysieren und so die astralen Möglichkeiten verstärken.
Wir können folgende Räuchermittel nennen:

Sonntags- oder Sonnenräuchermittel ☉

1tes Rezept

¼ Unze oder 1 Gran
- Balsamon
- Lorbeerkörner
- Nelken
- Myrrhe
- Safran
- Moschus
- Grauer Ambra
- Weihrauch

Aus diesen Komponenten soll man das Pulver machen und dann mit Gummiarabikum in Rosenwasser mischen und zu kleinen Kugeln rollen. Dann soll man diese Kugeln in die Sonne oder an einen warmen Ort legen und trocknen lassen. Während man die Riten praktiziert, wirft man 3 Kugeln auf die glühenden Kohlen.

2tes Rezept

¼ Unze oder 1 Gran
- Weihrauch
- Safran
- Rotes Sandelholz

Die Zubereitung ist die gleiche wie im ersten Rezept.

Montags- oder Mondräuchermittel ☽

1tes Rezept

	eine Pupille vom Auge des weißen Bullen
	einen Froschkopf
¼ Unze	weiße Mohnkörner
	Weihrauch
	Kampfer

Aus diesen Komponenten soll man den Teig kneten und dann das Blut der jungen Gans oder der Taube hinzufügen. Aus diesem Teig rollt man kleine Kugeln, dann lässt man sie ein wenig trocknen und während des Rituals wirft man 3 Kugeln auf die glühenden Kohlen.

2tes Rezept

¼ Unze	Sandelholz
	Kampfer
	Ambra
	Aloe
	Gurkensamen

Dienstags- oder Marsräuchermittel ♂

¼ Unze oder 1 Gran	Salmiak
	weißen Nieswurz (Germer)
	Pulver aus dem Magniteisen
	Kolophonium
	Bdellium-Gummi
	Schwefel

Aus allen Komponenten macht man das Pulver, dann fügt das Blut einer schwarzen Katze und ein Krähengehirn hinzu und knetet den Teig, aus dem man dann kleine Kugeln rollt.

Mittwochs- oder Merkurräuchermittel ☿

1tes Rezept

¼ Unze oder 1 Gran	Eschenbeeren
	Lapis lazuli
	Aloebaum
	Styrax (aromatischer Balsam aus folgenden Bäumen:- Styrax officinalis,

Styrax benzoin,
Halesia caroliana)
Pfauenhahnfedern

Aus allen Komponenten macht man das Pulver, vermischt es mit Schwalbenblut und fügt dann ein bisschen Hirschgehirn hinzu. Dann knetet man den Teig und rollt daraus kleine Kugeln.

2tes Rezept

¼ Unze oder 1 Gran — Weihrauch
Mazis (Muskatblüte)
Styrax

Die Zubereitung ist die gleiche wie im ersten Rezept.

Donnerstags- oder Jupiterräuchermittel ♃

¼ Unze oder 1 Gran — Weihrauch
grauer Ambra
Minze
Paradieskörner (amonium granum paradisi)
Mazis (Muskatblüte)
Safran

Freitags- oder Venusräuchermittel ♀

1tes Rezept

¼ Unze oder 1 Gran — Moschus
grauer Ambra
rote Koralle
getrocknete Rosen
Aloebaum

Aus allen Komponenten macht man das Pulver, vermischt es mit dem Blut der Taube und fügt das Gehirn von 2-3 Sperlingen hinzu. Dann knetet man den Teig. Aus dem Teig rollt man kleine Kugeln.

2tes Rezept

¼ Unze oder 1 Gran — Aloebaum
getrocknete Rosen
rote Koralle

Die Zubereitung ist die gleiche wie im ersten Rezept.

Samstags- oder Saturnräuchermittel ♄

1tes Rezept

¼ Unze oder 1 Gran	Bilsenkrautsamen
	Magniteisenstein
	Mohnsamen
	Myrrhe

Aus diesen Komponenten macht man das Pulver und vermischt es mit Fledermausblut und dem Gehirn eines schwarzen Katers. Dann knetet man den Teig und rollt daraus kleine Kugeln.

2tes Rezept

¼ Unze oder 1 Gran	Convolvuius scammonia
	Beifuß
	Schwefel
	Assa-Fetida

Die Zubereitung ist die gleiche wie im ersten Rezept.

Die Talismane

Es gibt Unterschiede zwischen Talismanen, weil sie verschiedene Formen haben und aus den verschiedenen Stoffen gemacht werden können. So können Talismane aus Metall, Pergamentpapier und aus Pflanzen bestehen.
Die Talismane, die bei magischen Riten benutzt werden, äußern eine bestimmte Doktrin und haben mehr Einflusskraft als übliche Talismane. Diese Talismane ziehen die Kraft der Planeten heran, aber nur, wenn Sie den richtigen Stoff oder das entsprechend zugeordnete Metall gewählt haben. Der Talisman ist umso kräftiger, je länger, sorgfältiger und fleißiger der Zauberer ihn angefertigt hat. Der Wille des Zauberers polarisiert sich dann in den Talismansmolekülen.[4]
Wir schlagen die Anfertigung einiger Talismane vor, welche die Form von Medaillen haben oder Fingerringe sind.

Der Talisman der Sonne ☉

Anfertigung: In der Zeit, da Sonne und Mond sich treffen und im Sternbild des Löwen stehen, nimmt man eine Platte aus bestem Gold (ungarisches oder arabisches Gold). Aus dieser Platte schneidet man den Kreis aus. Auf einer Seite sollen magische Symbole sein und auf der anderen Seite graviert man das Planetenbild: ein Kaiser mit Krone auf dem Kopf sitzt auf dem Thron und hält das Zepter in der rechten Hand; über dem Kopf befindet sich die Sonne und neben seinen Füßen liegt ein Löwe. Wenn der Talisman fertig ist, wickelt man ihn in Seide ein und räuchert ihn mit dem Sonntagsräuchermittel aus.
Wirkung: Eine Person, die diesen Talisman bei sich trägt und an seine Kraft glaubt, könnte Karriere machen, würde hohes Ansehen genießen und hätte Reichtum und Respekt.

Der Talisman des Mondes ☽

Anfertigung: Man macht den Kreis aus reinem Silber, dann graviert man auf eine Seite die magischen Zeichen und auf die andere ein symbolisches Mondbild: eine Frau, die in weitem Kleid auf einem Halbmond steht und einen anderen Halbmond in der rechten Hand hält; über ihrem Kopf befindet sich ein strahlender Stern.
Man verfertigt diesen Talisman im Frühling an einem Montag bei passender Konstellation von Saturn und Merkur in der Jungfrau.
Wirkung: Er schützt gegen Krankheiten, begünstigt Reisende, Kaufmänner und Bauern.

---

[4] Dies ist auch der Grund dafür, dass man sich seine Magischen Waffen, Talismane und sonstige Werkzeuge möglichst selbst herstellen sollte. Wenn man aus welchen Gründen auch immer nicht kann, sollte man zumindest eine Weihung vornehmen.

Der Talisman des Mars ♂

Anfertigung: Die Platte macht man aus bestem Eisen. Auf eine Seite graviert man die entsprechenden Zeichen ein und auf die andere die symbolische Planetenfigur: einen bewaffneten Krieger und einen Stern über seinem Kopf.
Man soll mit Schneidstahl in der Zeit gravieren, da Mond und Venus in passender Konstellation stehen und die Venus im ersten Grad des Schützen steht.
Wenn der Talisman fertig ist, räuchert man ihn mit dem Dienstagsräuchermittel aus und wickelt ihn in rote Seide.
Wirkung: Dieser Talisman macht die Person, die ihn trägt, unverwundbar und gibt ihr außerordentliche Kraft.

Der Talisman des Merkur ☿

Anfertigung: Im Frühjahr an einem Mittwoch, wenn der Merkur in passender Konstellation zur Venus und zur Sonne steht, fertigt man den Kreis aus hartem Quecksilber. Auf die eine Seite graviert man die entsprechenden Zeichen ein und auf die andere ein symbolisches Merkurbild: einen Jüngling mit Flügel an Fersen und Kopf und mit einem Stab in der rechten Hand. Dann soll man den Talisman mit dem Mittwochsräuchermittel ausräuchern und in Seide einwickeln. Diesen Talisman hängt man sich um den Hals.
Wirkung: Dieser Talisman schenkt Rednertalent, Umsicht und macht das Studium der Wissenschaften leichter. Wenn Sie den Talisman für eine Stunde in ein Glas mit Wein legen und diesen Wein dann trinken, bekommen Sie ein wunderbares Gedächtnis. Wenn Sie diesen Talisman unter ein Kopfkissen legen, dann haben Sie die Möglichkeit wahrsagender Träume.
Die Zubereitung des harten Quecksilbers: Man nimmt 2 Unzen Salmiak und 2 Unzen römischen graugrünen Vitriols und macht aus diesen Komponenten das Pulver, dann schüttet man dieses in einen Eisentopf und vermischt es mit 3 Gläsern eisenhaltigen Wassers. Dann lässt man diese Mischung aufkochen und verdampfen. Wenn nur noch ein Glas Flüssigkeit im Topf ist, soll man 2 Unzen reines Quecksilber dazu gießen.
Man kocht diese Mischung auf und rührt eine Zeit lang um, bis das Gemisch dick wird. Wenn das Gemisch kalt geworden ist, soll man das Wasser abgießen. Auf dem Boden sollte eine grüne Masse bleiben, die man 2 bis 3 mal mit Wasser auswäscht.
Man nimmt diese Masse dann heraus und rollt sie zu einem dünnen Fladen aus, dann lässt man sie auf einem Eichenbrett in der Sonne trocknen und fügt 2 Unzen terra merita und 2 Unzen Sennensblätter hinzu. Diese Komponenten legt man in einen Tiegel und bedeckt sie mit einem anderem Tiegel. Den Spielraum zwischen den beiden Tiegeln verkittet man mit einem Teig, der aus Lehm, Pferdemist und feinen Eisenspänen besteht. Die Tiegel stellt man auf eine Flamme und erhitzt diese bis zur Rotglut. Dann lässt man die Tiegel kalt werden und findet dann in dem einen Tiegel

das harte Quecksilber. Man soll es herausnehmen, in Borax waschen und in die passende Form gießen.[5]

Der Talisman des Jupiter ♃

Anfertigung: An einem Donnerstag in der Zeit, da der Mond im ersten Grad der Waage und Jupiter in guter Konstellation zur Sonne steht, fertigt man den Kreis aus reinem englischen Zinn. Auf eine Seite graviert man die magischen Zeichen und auf die andere Seite die symbolische Jupiterfigur: einen Menschen in langem Gewand, mit einem Buch in den Händen.
Wenn der Talisman fertig ist, räuchert man ihn mit dem Donnerstagsräuchermittel aus und wickelt ihn in blaue Seide.
Wirkung: Er zieht die Liebe und die Sympathie an. Er bringt Erfolg in wirtschaftlichen Dingen und entfernt Traurigkeit und Melancholie.

Der Talisman der Venus ♀

Anfertigung: An einem Freitag, wenn die Venus günstig steht, fertigt man den Kreis aus gutem rotem Kupfer. Auf eine Seite graviert man die Magiezeichen und auf die andere die Venusfigur: eine wollüstig gekleidete Frau; neben ihr steht Cupidon (der Gott der Liebe, in der römischen Mythologie der Liebesgott Eros) mit Bogen und brennender Fackel. In der linken Hand hält Venus eine Gitarre. Den fertigen Talisman räuchert man mit dem Freitagsräuchermittel aus und wickelt ihn in grüne Seide.
Wirkung: Dieser Talisman hilft der Frau, die ihn trägt, Sympathie und Liebe von den Männern zu erlangen. Er hat die Kraft, Feindschaften zu beenden. Wenn man ihn in ein Glas mit Wasser tut und anschließend dieses Wasser seinem Erzfeind zu trinken gibt, dann kann dieser Feind der beste Freund werden. Dieser Talisman verleiht auch Erfolg in der Musik.

Der Talisman des Saturn ♄

Anfertigung: An einem Sonnabend, bei passender Konstellation von Saturn und Mond, wenn beide im ersten Grad des Widder stehen, fertigt man den Kreis aus reinem Blei[6]. Auf eine Seite graviert man die magischen Zeichen ein und auf die andere die Saturnfigur: einen alten bärtigen Mann mit einer Sense in den Händen; über seinem Kopf befindet sich einen Stern und neben ihm steht eine Uhr.
Wenn der Talisman fertig ist, soll man ihn mit dem Samstagsräuchermittel ausräuchern und in schwarze Seide einwickeln.

---

[5] Dazu muss das Material aus dem Tiegel (vermutlich erneut) erhitzt werden, um es dann in eine passende Form zu gießen. Dies sind nun einmal uralte Rezepte und somit leider manchmal nicht ganz eindeutig. Im Zweifel kann man aber auch in einer Apotheke nachfragen.

[6] Wir weisen ausdrücklich darauf hin: Akute Bleivergiftung (z. B. durch Dämpfe) verursacht Magenkrämpfe, Erbrechen, Darmkoliken, Harnverhaltung; bei *chronischer Bleivergiftung* zusätzlich Lähmungserscheinungen

Wirkung: Er hilft bei der Entbindung und macht sie schmerzlos. Achtung: Wenn der Talisman bei ungünstiger Saturn-Mond-Konstellation angefertigt wird, wirkt er entgegengesetzt!

Der Talisman für Kaufmänner und Spieler

Anfertigung: Im Frühjahr an einem Mittwoch, wenn Merkur in einer guten Konstellation zu Jupiter oder Venus steht und der Mars zu Sonne und Mond, fertigt man den Kreis aus hartem Quecksilber[7]. Auf eine Seite graviert man den Stern (das Pentagramm) und auf die andere Seite die entsprechenden Zeichen. Wenn der Talisman fertig ist, soll man ihn mit dem Mittwochsräuchermittel dreimal ausräuchern und ihn dann unter einem Galgen vergraben (oder an einer Stelle, wo früher ein Galgen war). Der Talisman soll hier eine Woche bleiben. Dann nimmt man ihn heraus, räuchert ihn noch 3 mal mit dem Mittwochsräuchermittel aus und wickelt ihn in schwarze Seide. Man soll den Talisman jeden Mittwoch vor Sonnenuntergang ausräuchern, damit er seine Kraft behält. Er bringt Erfolg bei den Glücksspielen und bei den Handlungen.

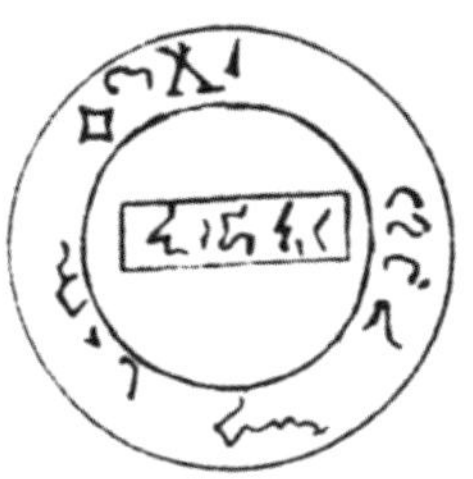

Der Fortuna-Talisman

Anfertigung: An einem Sonntag, wenn die Sonne in das Tierkreiszeichen der Person tritt, für die man diesen Talisman anfertigt, fertigt man den Kreis aus purem Gold. Auf eine Seite graviert man die Göttin des Glücks mit einem Füllhorn in den Händen und auf andere Seite das Pentagramm und folgende Wörter: **Omvuzun Albonatatos**. Dann räuchert man den Talisman mit dem Sonntagsräuchermittel 3 mal aus.

Wirkung: Er schützt gegen Gefahr und giftige Tiere und hilft Schätze zu finden.

---

7 Einziges bei Zimmertemperatur flüssiges Metall, silberglänzend. Bildet mit vielen Metallen Legierungen (Amalgame). *Quecksilberdampf* und die löslichen *Quecksilberverbindungen* sind stark giftig.

Talisman-Fingerringe

Es ist uralte Tradition – die Anfertigung von Magiefingerringen. Die Araber unterschieden sie nach den verschiedenen Metallen in Übereinstimmung mit den Planeten, die diese Metalle regieren. Wenn Araber einen Fingerring anfertigten, wählten sie den Stein, der mit dem entsprechenden Planeten harmoniert, und fassten ihn mit dem entsprechenden Metall ein. Unter den Stein legten sie das Blatt einer Pflanze, die zu dem selben Planeten gehört.

Petrus Arlensis und Misaldens haben in *Philosopgo Thabet* geschrieben: „Wenn Sie einen Stein tragen möchten, der einen guten Einfluss herbeizieht, sollen Sie einen Fingerring in der Zeit anfertigen, da der Mond in der Himmelsmitte steht und den erwünschten Planeten erleuchtet. Die Fassung für den Stein soll aus dem Metall sein, das mit dem selben Planeten harmoniert, und unter den Stein legen Sie ein Blatt der entsprechenden Pflanze.“

Der Fingerring der Sonne ☉

Man verfertigt diesen Fingerring an einem Sonntag bei zunehmendem Mond, der in △ oder in ⚹ zur Sonne steht. Zuerst macht man die Steineinfassung aus purem Gold und dann setzt man einen Brillanten, einen Saphir oder einen anderen Stein in die Steineinfassung, der zu diesem Planeten gehört. Unter den Stein legt man ein Heliotrop-Blatt[8]. Mit diesem Ring bekommen Sie die Gunst von Personen, die Macht haben. Man räuchert ihn mit dem Sonntagsräuchermittel aus.

Der Fingerring des Mondes ☽

Man fertigt diesen Ring aus reinem Silber an einem Montag bei zunehmendem Mond, wenn dieser in guter Konstellation zu anderen Planeten steht. Dann setzt man in die Ringeinfassung einen Bergkristall oder einen anderen Mondstein ein. Unter den Stein legt man ein Weißlilien-Blatt und räuchert den Ring mit dem Montagsräuchermittel aus. Er bringt Glück, wenn Sie auf Reisen sind.

Der Fingerring des Mars ♂

Man fertigt den Ring aus Stahl oder Eisen an einem Dienstag in der Marszeit bei zunehmendem Mond, wenn dieser zu Mars in △ oder in ⚹ steht.

In die Ringeinfassung setzt man einen Smaragd ein, unter ihn legt man ein Basilikum-Blatt, das gepflückt wurde, als die Sonne in den Fischen und der Mond im Krebs stand. Dann räuchert man den Ring mit dem Dienstagsräuchermittel aus. Er hilft im Krieg.

---

8 Südamerikanisches Rauhblattgewächs; Zierpflanze Sonnenwende mit nach Vanille duftenden blauen Blütenständen.

Der Fingerring des Merkur ☿

Man fertigt ihn aus hartem Quecksilber an einem Mittwoch in der Merkurzeit. In die Ringeinfassung setzt man einen Chalzedon[9], einen Karneol oder einen anderen Merkurstein. Unter den Stein legt man ein Efeublatt und räuchert ihn dann mit dem Mittwochsräuchermittel aus. Er bringt Erfolg in der Wissenschaft und im Handel.

Der Fingerring des Jupiter ♃

Man fertigt ihn aus reinem Zinn an einem Donnerstag in der Jupiterzeit. In die Ringeinfassung setzt man einen Karneol ein, unter den man ein Birkenblatt legt. Dann räuchert man den Ring mit dem Donnerstagsräuchermittel aus. Er hilft, Respekt und Reichtum zu erlangen.

Der Fingerring der Venus ♀

Man fertigt ihn aus reinem roten Kupfer an einem Freitag. In die Ringeinfassung setzt man einen Amethyst, einen Karfunkelstein oder einen anderen Stein dieses Planeten. Unter den Stein legt man ein Weidenbaumblatt und dann räuchert man den Ring mit dem Freitagsräuchermittel aus. Er bringt Liebe und Sympathie.

Der Fingerring des Saturn ♄

Man fertigt diesen Ring aus gutem Blei an einem Samstag in der Saturnzeit. In die Ringeinfassung setzt man einen Türkis oder anderen Stein des Saturn. Unter den Stein legt man ein Bilsenkraut-Blatt und räuchert den Ring dann mit dem Samstagsräuchermittel aus. Er hilft bei der Entbindung: Wenn eine Frau diesen Ring trägt, dann hat sie eine schmerzlose Entbindung.

---

9 Z. B.: Achat, Karneol, Onyx.

Die Schatzsuche

Wenn Sie die ungefähre Lage eines vermeintlichen Schatzes kennen, sollten Sie zu diesem Ort gehen. Nehmen Sie eine Axt und einen Schleifstein mit. Hier machen Sie ein Lagerfeuer an, dann erhitzen Sie die Axt bis zur Rotglut und legen diese dann mit dem Axtblatt nach oben. Auf das Axtblatt legen Sie den Schleifstein. Wenn er nicht fällt, dann gibt es hier kein Schatz. Wenn der Stein fällt, dann sollen Sie ihn noch 3 mal auf das Axtblatt legen, damit Sie beobachten können, zu welcher Seite er fällt. Wenn der Stein jedes Mal in die gleiche Richtung fällt, dann gibt es dort der Schatz. Wenn er nach verschiedenen Richtungen fällt, dann sollen Sie weiter suchen, aber irgendwo in der Nähe.

Wenn Sie wissen, dass sich der Schatz in einem Haus befindet, dann nehmen Sie eine speziell angefertigte Kerze und gehen um 11 Uhr in der Nacht zu diesem Haus.

Die Kerze für die Schatzsuche

Weihrauch
Schwefel
Gelber Wachs

Nehmen Sie gleich große Mengen von diesen Komponenten und mischen Sie sie zusammen, dann flechten Sie ein paar Fäden zu einer Zündschnur zusammen und machen aus allem eine Kerze.

Im dem Haus, in dem der Schatz sein soll, zünden Sie die Kerze an. Der Schatz befindet sich dort, wo die Kerze erlischt. Wenn Sie diesen Platz gefunden haben, räuchern Sie ihn aus und benutzen Sie das Räuchermittel, das zu diesem Tag gehört. An diesem Platz (innerhalb des Hauses) pflanzen Sie einen grünen Lorbeerzweig ein (d.h. wenn Sie den Zweig einpflanzen, sollten Sie ihn mit der rechten Hand halten); und daneben pflanzen Sie einen Zweig des Eisenrindenbaum ein (den halten Sie mit der linken Hand). Dazwischen heben Sie eine Grube aus.

Wenn Sie den Schatz gefunden haben, flechten Sie die beiden Zweige wie einen Kranz zusammen, befestigen an diesem Kranz den Fortuna-Talisman und setzen ihn auf den Kopf. Wenn Sie mehrere Tage zum Arbeiten brauchen, sollen Sie diesen Platz jeden Tag ausräuchern. Aber immer mit dem jeweiligen Räuchermittel, das zum entsprechenden Tag gehört.

Die Liebesmittel

Es gibt verschiedene Mittel, die helfen, Liebe herbeizuführen. Sie basieren auf unterschiedlichen Grundlagen, weshalb wir diese Mittel wie folgt unterteilen können:

1) Mittel, die auf der Theorie der Sympathie und der Antipathie gründen.
2) Mittel, in denen der Gedanke wirkt, der während der Leidenschaft dynamisiert wird.[10]
3) Aphrodisiakum.

Wir schlagen Ihnen folgende Methoden vor, die helfen, diese Mittel herzustellen.

1ste Methode

Lassen Sie sich zur Ader, schütten Sie das Blut in einen Topf, mischen Sie es mit einem Stück Hasenfleisch oder mit einer Taubenleber, lassen Sie diese Mischung im Ofen trocknen und dann machen aus diesem Gemisch das Pulver. Wenn es fertig ist, geben Sie ½ Drachme[11] dieser Mischung dem Objekt Ihrer Liebe.

2te Methode

Nehmen Sie die Inula-Helenium-Pflanze[12], die am 11ten September vor Sonnenaufgang gepflückt worden ist, lassen Sie sie trocknen, vermischen Sie mit grauem Ambra und dann machen Sie aus diesen Komponenten das Pulver. Sie sollen dieses Pulver 9 Tage bei sich tragen, dann dürfen Sie es Ihrer Lieblingsperson geben.

3te Methode

Nehmen Sie ein Tauben-, Schwalben- oder Sperlingsherz, vermischen es mit dem Blut der Person, die Sie lieben und behexen möchten. Lassen Sie diese Mischung trocknen, dann machen Sie aus ihr das Pulver und tragen es bei sich.

4te Methode

Dieses Mittel nennt man **Liebesapfel**. An einem Freitag vor Sonnenaufgang gehen Sie in den Garten und pflücken einen schönen Apfel. Dann schreiben Sie mit Ihrem Blut Ihren Namen und den Namen der Person, die Sie lieben und deren Liebe Sie bekommen möchten, auf ein Blatt Papier. Auf ein anderes Blatt schreiben Sie das Wort "SCHIWA" und binden nun die beiden Blätter mit drei Ihrer Haare und 3 Haaren der anderen Person zusammen.

Schneiden Sie den Apfel in zwei Hälften auf, entfernen Sie das Kerngehäuse und in den freien Platz legen Sie die Papierblätter. Dann fügen Sie die beiden Hälften wieder zusammen und stechen mit einem Myrtenzweig quer durch den Apfel. Dann sollen Sie diesen Apfel in Myrten- oder Lorbeerblätter einwickeln und unter das Kissen Ihrer Liebesperson legen.

---

[10] Hier sind die verschiedenen Formen der Sexualmagie gemeint, bei denen während des sexuellen Aktes der Gedanke, bzw. der Wunsch energetisiert wird.

[11] Eine Drachme = Altes Apothekergewicht, 3,75 Gramm

[12] Inula, Gattung der Familie der Korbblütler: Zahlreiche Gewürz- und Heilkräuter, u. a. der heimische, den Diabetikerzucker *Inulin* liefernde *Alant* gehören zu dieser Gruppe.

5te Methode

Nehmen Sie einen Goldfingerring mit einem Diamanten, wickeln Sie ihn in grüne Seide und tragen Sie diesen Ring neun Tage und neun Nächte an Ihrem Herzen. Am 10ten Tag vor dem Sonnenaufgang gravieren Sie auf die innere Seite des Ringes das Wort "SCHIWA".
Dann nehmen Sie drei Ihrer Haare und drei Haare der Person, deren Liebe Sie erhalten möchten, binden sie zusammen und sagen: „Oh, Geliebter (der Name), liebe mich und mögen unsere leidenschaftlichen Wünsche in Erfüllung gehen. Hilf uns die SCHIWA-Macht.“[13]
Wenn Sie dies alles gemacht haben, tragen Sie den Ring sechs weitere Tage am Herzen und am 7-ten Tag versuchen Sie ihn Ihrer Lieblingsperson zu geben.

6te Methode

Sie können Sympathie hervorrufen, wenn Sie in der Zeit, da die Venus und der Mond sich vereinigen und in der Waage oder im Stier stehen, eine Weißlilien-Wurzel nehmen und bei sich tragen.

7te Methode

Kochen Sie Hirschfleisch mit Haselhuhnfleisch und bewirten Sie mit dieser Speise Ihr Lieblingsobjekt. Diese Speise hilft, Mitgefühl hervorzurufen, und trägt zur Ehestiftung und Leidenschaftsbefriedigung bei.
Sie dürfen das Hirsch- und das Haselhuhnfleisch auch durch Rebhuhn- und Wildziegenfleisch ersetzen. Sie bekommen damit das gleiche Resultat.

8te Methode

Nehmen Sie einen Birkenzweig und legen Sie ihn an einem Freitag auf die Türschwelle, dann organisieren Sie es so, dass Ihre Lieblingsperson diese Türschwelle übertritt. Wenn das geschieht, legen Sie diesen Zweig an einen trockenen und warmen Ort, den aber niemand sehen soll. Nachher sagen Sie: „Möge (der Name) vor Liebe zu (Ihr Name) vergehen, wie dieser Zweig trocken wird.“
Wiederholen Sie diesen Zauberspruch noch drei mal.

Eine Pomade, welche die Liebe bestärkt

Nehmen Sie das Knochenmark aus dem linken Bein eines Wolfes, vermischen Sie es mit grauem Ambra und Zypressenpulver und machen aus diesen Komponenten eine Pomade.
Die fertige Pomade sollen Sie bei sich tragen und Ihre Lieblingsperson von Zeit zu Zeit daran riechen lassen. Dies geht viel einfacher, wenn Sie z. B. Ihre Haare mit dieser Pomade einreiben.

---

[13] **Schiwa**, eine Hauptgottheit des Hinduismus, wird im allgemeinen als Weltschöpfer und periodischer Weltzerstörer betrachtet. Das Kultsymbol des indischen Zeugungsgottes Schiwa ist der Linga(m), also das männliche Glied.

Mittel, damit man immer gesund bleibt

In der Sonnenzeit nehmen Sie 9 Wacholderbeeren, eine Nuss, eine trockene Weinbeere und etwas Salz, vermischen alle Komponenten und nehmen diese Mischung von Zeit zu Zeit ein. Wenn Sie das ganze Jahr hindurch gesund sein möchten, sollten Sie im Frühling drei erste Veilchen essen.

Der Sirup des langen Lebens

8 Pfund[14] Schneeglöckchen-Krautsaft (Mercurialis annua)
2 Pfund Asphodelus-luteus-Krautsaft
12 Pfund Honig

Vermischen Sie alle Komponenten und filtrieren Sie das ganze.
Für den Absud: Geben Sie 4 Unzen Gentiana (1 Unze = 28,34 Gramm) in drei Gläser guten Weins. Erhalten Sie diese Mischung in einer gut zugekorkten Flasche in frischem Mist. Zeitweise nehmen Sie die Flasche heraus und schütteln sie.
Jeden Morgen nehmen Sie einen Löffel des Sirups ein.
Dieser Sirup verlängert Ihr Leben und bringt schneller Gesundheit nach Krankheiten. Er ist besonders nützlich gegen Kopfschmerzen, Migräne, Bauchschmerzen und Lungenschwindsucht.

Das Wasser der ungarischen Königin

Je ein ½ Pfund frischen Porree, Majoran, sowie Lavendel- und Rosmarinblumen vermischen Sie mit 3 Gläsern Wodka. Gießen Sie diese Mischung in eine Flasche und korken Sie sie fest zu. Dann soll diese Flasche 24 Stunden im warmen Mist bleiben. Anschließend destillieren Sie diese Mischung auf einem Sanddampfbad. Das Wasser der ungarischen Königin ist fertig. Nehmen Sie 1 Drachme dieses Wassers ein bis zweimal pro Woche ein.
Es ist sehr nützlich, den Körper mit diesem Wasser zu waschen, wenn Sie Glieder- oder Nervenschmerzen haben. Dieses Wasser hilft Ihnen auch, jung auszusehen.

Das Lebensgold

2 Unzen Quecksilber, das durch Salz und Weinessig gereinigt worden ist, und 1 Drachme reines Goldpulver vermischt man in einem aufgewärmten glasierten Topf.
Dieses Amalgam gießt man ins Brunnenwasser. Wenn etwas Quecksilber über geblieben ist, das sich nicht mit dem Gold vermischt hat, soll man es durch Leder filtrieren und wieder in das Amalgam zurück gießen.
Dieses Amalgam vermischt man mit 2 Unzen Wodka und destilliert auf dem Sanddampfbad. Dann gießt man es in einen anderen Topf und destilliert noch einmal. So soll man es fünfmal machen.

---

[14] 1 Pfund = 453,59 Gramm

Auf dem Topfboden findet man dann das Pulver. Dieses Pulver soll man in einen Tiegel geben, mit Rosenwasser begießen und fest verschließen dann soll man den Tiegel bis zur Rotglut erhitzen. Wenn der Tiegel kalt geworden ist, nimmt man das Pulver heraus. Mit diesem Pulver behandelt man die Pockenkrankheit, die Pest, die Lepra und verschiedene Wunden und man kann es auch als Gegengift verwenden.

Das Streupulver gegen Krebs

10 Teile Krebse, die in der Zeit, da die Sonne und der Mond im Krebs stehen, gefischt worden sind; fünf Teile der Pflanze Gentianae und einen Teil Weihrauch erwärmt man auf einem Kupferteller oder in einem Porzellantiegel.
Mit diesem Pulver bestreut man die Wunde.

Das Pulver für die Wundheilung

Ende Juli oder Anfang August, wenn die Sonne im Löwen steht, nimmt man etwas Eisenvitriol[15] (Vitriolum romanum), löst es in Regenwasser auf und filtriert durch eine Papierserviette. Man stellt die Flasche mit dieser Flüssigkeit an einen warmen Ort und nach einem Tag findet man in der Flasche die grünen Kristalle. Dann nimmt man diese Kristalle heraus und legt sie in die Sonne, bis sie weiß werden. Das ganze Verfahren soll noch dreimal wiederholt werden.
Dieses Mittel soll in einer fest zugekorkten Flasche aufbewahrt werden.
Mit diesem Pulver soll man die (eventuelle) blutbefleckte Medizinische Instrumente und Verbände bestreuen. *Aber bestreuen Sie keinesfalls die Wunde selbst!* Die Wunden soll man nur mit einem sauberen Tuch verbinden. Diese Behandlungsmethode soll man bis zur Genesung weiter fortsetzen. Man soll aufpassen, dass blutbefleckte Verbände nicht an zu warmem Ort lagern, denn dann könnten sich die Wunden wieder entzünden. Dieses Pulver hilft, das Blut und den Schmerz zu stillen, und es ist besonders gut gegen Zahnschmerzen. Dafür soll man ein Stück Leinen mit Blut (aus der schmerzenden Stelle) anfeuchten und es dann mit dem Pulver bestreuen.

Elixier des langen Lebens – Helmontii elexir longae vitae

2,5 Pfund Schneeglöckchensaft
4,5 Unzen Gurkensaft
4 Unze Saft von entcgusa officinalis
2 Drachme Algenwurzel (Iridaca edulis)
1 Unze Enzianwurzel
1 Pfund Weißwein

Man vermischt alle Komponenten, gießt das Ganze in eine Flasche und lässt es 24 Stunden ziehen. Dann destilliert man die Mischung und vermischt sie mit gutem weißen Honig. Man nimmt 1 TL Elixier jeden Morgen vor dem Essen ein.

---

[15] Eisenvitriol, in heißem Wasser löslich. Wird z. B. zur Herstellung von Berliner Blau, als Ätz- und Bleichmittel (!) verwandt.

Die Salben, Rezepte und Talismane von Paracelsus

1tes Rezept

2 Unzen Usnea ossicum
2 Unzen Menschenblut
2 Unzen Menschenfett
½ Unze Leinöl
½ Unze Teristin
1 Unze Carbonas cupri nativus

Aus diesen Komponenten macht man die Salbe. Dann nimmt man ein Instrument oder ein Stäbchen, feuchtet es mit dem Blut aus der schmerzenden Stelle an, beschmiert es mit dieser Salbe, gibt das ganze dann auf die wunde Stelle zurück und verbindet anschließend mit einem Tuch.

2tes Rezept

1 Pfund Wildschweinfett
1 Pfund Bärenfett

Diese Mischung gibt man in einen Topf und kocht mit rotem Wein auf, dann gießt man das ganze in einen anderen Topf mit kaltem Wasser und schöpft das Fett heraus. Dann vermischt man die Flüssigkeit mit:

1/8 Lot[16] Usnea ossicum
1/8 Lot rotes Sandelholz
1/8 Lot Pulver von Oxidum ferri rubrum nativum

In einem Topf lässt man so viele Regenwürmer trocknen, wie in eine Eierschale hineingehen könnten. Dann lässt man Froschaugen trocknen und zermahlt sie zu Pulver. Dann vermischt man die Regenwürmer, das Froschaugenpulver (es soll 2 mal weniger Pulver sein, als Regenwürmer), mit 1/8 Klette- und Moschuskraut.
Man benutzt diese Salbe, wie die Salbe aus dem ersten Rezept.

[16] 1 Lot = 12,8 Gramm

Die Fieberbehandlung

Quintus Gerenus Gamonieus rät, Fieber mit einem Talisman zu behandeln. Auf den Talisman graviert man folgendes:

a b r a c a d a b r a
b r a c a d a b r
r a c a d a b
a c a d a
c a d
a

Iexstus Placitus Papurensis rät, einen Span von einer Tür auszuschneiden, durch die ein Kastrat gegangen ist. Dabei soll man sagen: „Tollo te, ut ille N. N. Febribus liberetur".
Alexander aus Pralles rät, die linke Hand mit einem Taschentuch zu verbinden, in dem eine Spinne war.

Die Behandlung des Gerstenkorns

Um ein Gerstenkorn zu behandeln, rät Marcellus, das Gerstenkorn mit 3 Fingern der linken Hand zu berühren, dreimal auszuspeien und dabei zu sagen:

"NEC MULA PARIT,NEC LAPIS IANAM FERT, NEC HUIE MORBO CAPUT CRESCAT, AUT SI CREVENT TABESCAT".

Die Verhütung von Pockennarben

In der Mond-, Merkur-, Saturn- oder Jupiterzeit nimmt man eine Bleimischung, eine trockene Schilfwurzel, etwas Hammelerbsenmehl und Roggenmehl und vermischt mit süßem Mandelöl und Hammelfett.
Tragen Sie diese Mischung auf das Gesicht auf, lassen Sie es eine Nacht lang einwirken und morgens entfernen Sie sie mit warmem Wasser.

Das Mittel gegen Harnsteine

In der Mars- oder Merkurzeit nimmt man eine Lorbeerfrucht und macht aus ihr ein Pulver, dann vermischt man es mit aromatischem Wein und trinkt das ganze.

Das Mittel gegen Wassersucht

In der Mars- oder Venuszeit nimmt man einen Fasan, tötet ihn und gibt dem Kranken 2 Gläser Fasanenblut zu trinken.

Das Mittel gegen Magenkrankheit

In der Mars- oder Merkurzeit nimmt man einen Hahn, tötet ihn und rupft ihm die Federn aus seinem Bauch. Dann verbrennt man die Federn, vermischt die Asche mit dem Wein und gibt dies dem Kranken zu trinken.

Mittel gegen Behexung

1) Nehmen Sie einen grünen Specht, salzen sie ihn und braten ihn und essen Sie ihn dann.
2) Nehmen Sie einen Zahn eines eben erst Verstorbenen, verbrennen sie ihn und atmen den Rauch ein.
3) In einen Roggen- oder Haferstrohhalm gießen Sie Quecksilber hinein (verschließen diesen von beiden Seiten) und legen diesen dann unter das Kissen des Kranken.

Das Mittel gegen den Bösen Blick

Nehmen Sie Schlangenleder oder Nesselkorn, verbrennen es auf glühenden Kohlen und dann lassen Sie diesen Rauch in die Augen strömen.

Das Mittel gegen Schläfrigkeit und Schlaflosigkeit

Man nimmt einen Frosch und schneidet seinen Kopf mit einem Messerhieb ab. Dann lässt man ihn trocknen.

Dann schneidet man den Kopf in zwei Hälften auf, und zwar so, dass jede Hälfte ein Auge hat. In der Regel soll ein Auge offen und das andere geschlossen sein. Denn wenn jemand unter Schläfrigkeit leidet, soll er die Hälfte mit dem offenen Auge bei sich tragen, und wenn jemand unter Schlaflosigkeit leidet, soll er die mit dem geschlossenen Auge bei sich tragen.

Das Mittel gegen Infektionskrankheiten

In der Erntezeit nimmt man 2 Handvoll Hypericum-perforatum-Blätter, legt sie 10 Tage in vier Pfund Olivenöl, dann presst man den Saft aus und gießt ihn in eine Flasche. In der Zeit, da Hypericum perforatum blüht, nimmt man die Blüten und die Körner dieser Pflanze, gibt sie der Flüssigkeit in der Flasche hinzu und stellt diese in den Ofen.

Nach kurzer Zeit gießt man diese Mischung in einen Topf, fügt 30 Skorpione, eine Otter und einen fetten Frosch ohne Kopf und ohne Schenkel hinzu; dann soll man alles aufkochen lassen und mit folgenden Komponenten vermischen:

2 Unzen Enzianwurzel
2 Unzen Ton
2 Unzen Smaragdpulver
2 Unzen Katappa
2 Unzen Teriak

Diese Mischung soll in gut zugekorkter Flasche aufbewahrt werden. Die Flasche stellt man in die Sonne und dann für drei Monate in warmen Mist.
Diese Mischung soll man wie folgt benutzen: Reiben Sie die Herzgegend, die Schläfen, die Nasenflügel, die Seiten und das Rückgrat ein. Sie hilft gegen Infektionen.

Das Mittel gegen Pest und Seuche

Nehmen Sie

12 Wurzeln Delphinium consolida und Trapogon,
mischen sie dies mit
3 Gläsern Wein und lassen aufkochen,
dann filtrieren durch Leinen und fügen
12 Zitronen,
½ Unze Nelke und
½ Unze Aloeholz hinzu und vermischen mit
1 Unze Ruta graveolens,
1 Unze Flieder,
1 Unze Brombeeren und
1 Unze schmalblättrigen Salbei.

Diese Mischung soll man noch einmal auf kleiner Flamme kochen, filtrieren, in sodann in eine Flasche aus grünem Glas gießen und fest zukorken.
Sie sollen ein kleines Glas dieser Mischung neun Tage lang jeden Morgen einnehmen. Sie können sicher sein, dass Sie keine Pest und keine Seuche haben werden, und Sie können sich durchaus mit einem Seuchen- oder Pestkranken unterhalten. Wenn Sie schon Pest haben, dann sollen Sie diese Mischung mit dem Saft von Anhusa officinalis vermischen. Sie hilft Ihnen dann, zu genesen.

Der Talisman-Fingerring gegen Epilepsie

Man fertigt den Ring aus reinem Silber und setzt in die Steineinfassung ein kleines Stück vom einem Elchhuf ein. Dann im Frühling, an einem Mittwoch, wenn der Mond in der passenden Konstellation zu Jupiter und Venus steht, graviert man in die innere Seite des Ringes: +[17] Dabi + Habi + Haber + Habr und dann räuchert man ihn mit dem Montagsräuchermittel dreimal aus.
Man soll diesen Ring am Mittelfinger tragen.

Das Mittel, damit ein kranker Zahn ohne Schmerz ausfällt

Man nimmt die kleinen Wurzeln der Weißmaulbeeren und ein kleines Stück Eisenvitriol (Bohnengröße), vermischt dies mit starkem Weinessig und lässt alles für zwei Wochen in einer Flasche aus grünem Glas. Dann gießt man diese Mischung in einen

[17] Das „+" ist hier als Verzierung, bzw. als mathematisches „Plus" gemeint.

glasierten tönernen Topf, legt eine grüne Eidechse dazu und verschließt den Topf. Man stellt ihn in den warmen Ofen und lässt die Flüssigkeit verdampfen. Aus dem harten Rest macht man das Pulver. Man legt dieses Pulver in den Zahn. Die hilft, dass der Zahn ohne Schmerz ausfällt.

Das Mittel gegen Fieber

1 TL Centaurca benedicta Linn und 1 TL Safran schütten Sie in ein Glas und gießen kochendes Wasser hinzu. Trinken Sie diesen Aufguss wie Tee.

Der Fingerring, der den Menschen unsichtbar macht

Man fertigt diesen Ring an einem Mittwoch, wenn der Merkur in guter Konstellation zum Mond, dem Jupiter, der Venus und der Sonne steht.

Man nimmt gut gereinigtes Quecksilber und macht es hart, dann macht man aus ihm einen dicken Ring mit einem Stein. Den Stein soll man in einem Wiedehopfnest finden. Man räuchert den Ring mit Merkurräuchermittel aus und legt ihn dabei dreimal auf eine Hartquecksilberplatte, dann wickelt man ihn in Taft ein und legt den Ring für neun Tage in das Wiedehopfnest zurück.

Dann nimmt man den Ring aus dem Nest heraus, räuchert ihn erneut mit dem Merkurräuchermittel aus und legt ihn dann in eine Schachtel, die aus hartem Quecksilber hergestellt wurde.

Wenn Sie unsichtbar sein möchten, sollen Sie den Ring an den Finger stecken, aber der Ringstein soll oben sein. Wenn Sie wieder sichtbar sein möchten, sollen Sie den Ring so drehen, dass der Stein in der Faust ist.

Es gibt noch eine andere Methode der Ringanfertigung.

Man nimmt die Haare von einem Hyänenkopf und dreht einen Strick daraus, macht aus diesem Strick einen Ring und lässt ihn in einem Wiedehopfnest für 9 Tage liegen. Dann nimmt man den Ring heraus und räuchert ihn mit dem Merkurräuchermittel aus. Diesen Ring benutzt man so wie den Quecksilberring, aber wenn man wieder sichtbar sein möchte, soll man den Ring ablegen.

Diese Ringe können ihre Kraft verlieren, wenn man andere Ringe gleichzeitig trägt.

Einen anderen Ring fertigt man nach gleicher Methode wie den Quecksilberring, aber aus Blei. Auf den Ring graviert man das folgende: „Apparit Dominus Cimoui“, dann legt man ihn in eine Schachtel und daneben ein Schwalbenauge.

Man macht den Ring an einem Samstag, wenn der Saturn in Opposition zu Merkur steht, räuchert ihn mit dem Samstagsräuchermittel drei mal aus, wickelt den Ring in ein Leichentuch und gräbt ihn auf dem Kirchhof für einen Tag ein. Dann nimmt man den Ring heraus und räuchert ihn mit Saturnräuchermittel dreimal aus.

Die Bedeutung und die Wirkung der Steine

Der Achat - ♂♍♉♊

... ist ein gräulicher oder gräulich-schwarzer Stein, manchmal mit Adern, aus der Quarzgruppe.
Wenn jemand Gefahr meiden, keine Angst haben und ein großzügiger Mensch sein möchte, soll er einen schwarzen Achat mit weißen Adern bei sich tragen. Der Mensch, der einen Achat immer bei sich hat, meidet Gefahr und ist immer fröhlich und glücklich.

Der Aquamarin - ☽♃♀♊♍

... ist ein grünblauer Stein aus der Beryllgruppe[18].
Er kräftigt das schwache Sehvermögen. Wenn Sie aus diesem Stein ein Pulver machen, hilft es, den Grauen Star zu behandeln. Sie können dieses Pulver auch für die Behandlung von alten Wunden und Lepra benutzen.

Der Diamant - ☉☽♎

Er bezähmt den Zorn und bewirkt Enthaltsamkeit wie Keuschheit. Wenn Sie sich gegen sichtbare und unsichtbare Feinde (böse Geister) schützen möchten, sollten Sie den Stein an Ihrem Körper tragen.
Ein Pferd stirbt, wenn Sie ein Pulver aus dem Stein herstellen, es in Wasser geben und dieses Wasser dem Pferd zu trinken geben.
Ein Mensch, der diesen Stein bei sich trägt, schützt sich gegen Alpträume. Ein Mondsüchtiger, der den Diamanten immer bei sich hat, kann so seine Mondsucht behandeln.
Wenn man den Stein an die Hand einer Schwangeren anbindet, kann sie ohne Schmerzen ein Kind zur Welt bringen.
Ein Mensch, der den Diamanten trägt, erlangt allgemeines Wohlwollen; seine Meinung wird immer respektiert, er bekommt keine Magenkrankheit und hat bis zum hohen Alter ein gutes Gedächtnis und ist immer guter Laune.
Der Diamant schlägt wilde Tiere, Feinde und Giftreptilien in die Flucht.

Der Amethyst - ♂♃♈

... ist ein violetter Stein aus der Quarzgruppe.
Ein purpurner Stein befreit von der Trunksucht und schenkt Talent für die Wissenschaften.
Er hilft bei verschiedenen Beschäftigungen und gibt Besonnenheit und gutes Gedächtnis. Dieser Stein hilft auch beim Fangen von Tieren und Vögeln.

Der Türkis - ♄♀♐

... ist ein blauer oder grünblauer Stein.

---

[18] Beryllarten von Edelsteinqualität sind z. B. Aquamarin, Smaragd.

Er schützt davor, vom Pferd zu fallen, versöhnt zerstrittene Eheleute und stärkt das Sehvermögen. In Ägypten machte man Talismane aus dem Türkis.
Der Türkis verblasst, wenn Sympathie oder Liebe des Menschen, der ihn geschenkt hat, schwach geworden ist.
Wenn man morgens auf diesen Stein schaut, dann hat man den ganzen Tag keine Sorgen.
Ein Mensch, der einen Türkis bei sich trägt, lebt lange und reich und hat keine schrecklichen Träume. Er ist immer fröhlich und niemand kann ihn umbringen. Wenn man Türkispulver in Wasser gibt und es dann trinkt, hilft dies gegen Gift sowie gegen Nieren- und Harnblasenkrankheit.
Wenn jemand einen Türkisring trägt, leidet er niemals an Geldmangel und wird immer von allen geachtet, aber er darf kein unanständiges Wort sagen. Und wenn man irgendwo herunterfällt, verletzt man sich nicht.

Die Hyazinthe - ☉♌♒

... ist ein braunroter Stein.
Dieser Stein stillt das Blut, macht das Herz gesund und schützt vor Geschwüren. Nach Kardans Meinung schützt die Hyazinthe vor Pest und Schlaflosigkeit. Er hat immer die Hyazinthe bei sich getragen und trotzdem hat er an Schlaflosigkeit gelitten. Aber er hat diesen Umstand so erklärt, dass seine Hyazinthe schlechter Qualität war und ihre Farbe sich von der Farbe des richtigen Steins unterschied.
Die Hyazinthe fördert das Reich werden, verstärkt die Macht, härtet das Herz ab und erfreut die Seele. Dieser Stein schützt vor Feinden, vermehrt die Ehre und den Verstand. Er hilft der Schwangeren, ohne Schmerz ein Kind zur Welt zu bringen.
Er brennt im Feuer nicht und kann das Feuer sogar löschen. Wenn man ihn in Stoff einwickelt, dann macht der Stein diesen Stoff feuerfest.
Ein Silberfingerring mit einer Hyazinthe schützt vor Gefahren auf Reisen. Ein Mensch, der diesen Stein bei sich trägt, wird nicht vom Donner gerührt.

Perlen - ☽♀♒

Aus Perlen und anderen Komponenten besteht eine Mischung, die hilft, lange zu leben.
Zuerst soll man die Salbe herstellen. Man nimmt Safran, Blätter der roten Rose, Ambra, Aloe und Sandelholz, vermischt alle Komponenten und macht daraus ein Pflaster. Dieses Pflaster legt man auf die linke Seite des Körpers (beim Herzen). Dabei soll man Hühnerfleisch essen, diese Hühner aber vorher mit Schlangenfleisch gemästet haben. Man soll auch folgende Mischung einnehmen: Perlen, einen Saphir, einen Smaragd und Moschus, woraus man ein Pulver macht.
Sie sollten das im April oder im Mai tun.

Der Smaragd - ☽♀♂♋

... ist ein grüner Stein der Beryllgruppe.
Wenn Sie einen Smaragd ans Kopfende des Bettes legen, behandelt er Hypochondrie, verhütet schreckliche Träume, beruhigt das Herzklopfen, fördert Unternehmererfolg

und vertreibt Traurigkeit. Dieser Stein erträgt keine Unsittlichkeit und wenn ein Mensch, der ihn bei sich trägt, ein Verbrechen begangen hat, dann platzt der Smaragd. Ein zerkleinerter Smaragd, der mit Wasser vermischt worden ist und dann getrunken wird, macht Hexen- oder Schlangengift unschädlich.
Er stärkt das Gedächtnis, fördert den Reichtum und wenn Sie den Smaragd unter die Zunge legen, verleiht er wahrsagerische Fähigkeiten. Wenn Sie lange auf diesen Stein schauen, dann verbessert er das Sehvermögen. Ein Mensch, der ihn bei sich trägt, ist immer fröhlich.
Wenn Sie das Wasser mit dem zerkleinerten Smaragd trinken, hilft er gegen Leber- und Magenkrankheit. Wenn Sie an Sehschwäche leiden, zerkleinern Sie den Smaragd auf dem Porphyr und vermischen ihn mit Safran, dann legen Sie diese Mischung auf die Augen.
Dieser Stein bewahrt vor blutigem Durchfall und Husten, hilft gegen Augenkrankheit und Nachtblindheit. Ein Mensch, der den Smaragd bei sich trägt, lebt lange und hat keine Traurigkeit und leidet niemals unter Hypochondrie.
Wenn eine Schlange Sie gebissen hat, sollen Sie den Smaragd mit Rosenwasser mischen, einen Zauberspruch aufsagen und die Mischung auf die Wunde legen.
Der Smaragd ist das beste Gegengift. Wenn ein Mensch Gift eingenommen hat, geben Sie ihm 2 Karat Smaragd mit Kamelmilch.

Die Quiricia ☉

Sie können diesen Stein im Wiedehopfnest finden. Wenn Sie ihn auf den Kopf eines schlafenden Menschen legen, dann erzählt er Ihnen alle seine Geheimnisse.

Die Koralle ☽♀♓♉

Ein Mensch, der die Koralle bei sich hat, trinkt nie und ist sehr klug. Die Koralle schützt das Haus vor Hagel und Sturm, wenn Sie die Koralle in diesem Haus lassen. Wenn Sie die Koralle im Feld vergraben, ist Ihr Feld vor Gewitter, Hagel, Sturm und vor Raubvögeln geschützt.

Der Lasurit - ♀

Er hilft bei Augenkrankheiten.

Der Neophrit -

Er schützt vor Blitzschlägen und Erdbeben.

Der Onyx - ♄♑

... ist ein grauweißer oder schwarzbrauner Stein der Quarzgruppe.
Wenn Sie Traurigkeit, Zwist oder Feindschaft hervorrufen oder jemanden erschrecken möchten, nehmen Sie den schwarzen Onyx. Die besten Steine sind die mit weißen Adern durchsetzten. Onyxschmuck und Onyxfingerringe machen den Mensch traurig und ängstlich, jagen dem Menschen Schrecken ein, bescheren Alpträume und zwingen den Träger, mit den besten Freunden zu streiten.

Der Rubin - ♂☉♌♑

... ist ein roter oder violettroter Stein.
Ein Mensch, der einen Rubin bei sich trägt, hat keinen schrecklichen Traum. Wenn jemand einen Rubinfingerring trägt, kann er nie lügen. Ein Rubin hilft, das Herz und das Gehirn zu behandeln und das Gedächtnis zu verbessern, er reinigt das Blut.

Der Saphir - ♃☉♒♉

... ist ein dunkelblauer oder violettblauer Stein.
Er bringt dem Mensch Mut, stärkt alle Gefühle, belustigt das Herz. Er ist sehr nützlich für die Augen. Der Saphir reinigt die Augen, entfernt Blutflecken und kräftigt ihre Muskeln und Nerven.
Ein Mensch, der einen Saphir bei sich trägt, ist schön anzuschauen und bricht selten in Schweiß aus. Dieser Stein stillt die Lüsternheit, macht den Menschen gutmütig, behandelt den Kopfschmerz, die Augen- und Magenkrankheiten. Wenn jemand einen Saphirfingerring trägt, ist er ehrlich, fromm, wohlwollend, geistig und hat keine Angst.

Der Serpentin -

Wenn eine Schlange Sie gebissen hat, legen Sie diesen Stein auf die Wunde und begießen Sie mit Rübensaft.

Der Karneol - ♀♃

... ist ein rotgelber Stein.
Er schützt vor dem Feinde und hilft der Schwangeren, ein Kind ohne Schmerz zur Welt zu bringen. Wenn Sie einen Karneol mit reinem Zinn an den Nabel der Schwangeren binden, hilft er, die Geburt zur passenden Zeit geschehen zu lassen.
Wenn Sie etwas wissen möchten, z. B. ein Geheimnis, nehmen Sie den Karneol in den Mund, legen sich schlafen (aber auf nüchternen Magen) und denken an dieses Geheimnis; dann können Sie träumen, was Sie sich wünschen.

Der Chrysolith - ☉♓♌♎

... ist ein goldgelber Stein.
Ein Mensch, der diesen Stein bei sich trägt, hat keine Alpträume, keine Angst in der Nacht und keinen schrecklichen Traum; er kann auch die Gefahr meiden.
Wenn Sie dies wünschen, sollten Sie einen Goldring mit einem Chrysolith tragen.

Der Beryll -

...schützt vor dem Feind, gibt Sympathie und Fleiß.

Der Granat -

...gibt Gesundheit und schützt auf Reisen.

Der Kornalin -

... ist ein hellroter Stein. Er bringt Erfolg und beschützt die Keuschheit

Das Selenit -

... ist ein weißer Stein. Er bringt die Liebe.

Der Chalzedon -

Mit ihm meiden Sie Gefahren auf Reisen.

Der Jaspis -

...schützt vor Gift und Hass.

Die Zeichnungen auf den Steinen

Der Amethyst - ein Bär
Der Beryll - ein Frosch
Der Chalzedon - ein Reiter mit dem Spieß in der Hand
Der Chrysolith - ein Esel
Der Granat - ein Löwe
Der Smaragd - ein Star
Die Koralle - ein Mann mit einem Schwert
Der Onyx - ein Kamel
Der Karneol - ein Adler
Der Saphir - ein Widder
Das Selenit - eine Schwalbe
Der Topas - ein Falke

Die Edelsteine und die Planeten

Die Sonne - der Karfunkel
Der Mond - der Diamant
Der Merkur - der Karneol
Die Venus - der Smaragd
Der Mars - der Rubin
Der Jupiter - der Saphir
Der Saturn - der Obsidian

Die Steineinfassungen

Der Beryll - in Gold
Der Karneol - in Gold
Die Hyazinthe - in Silber
Die Perlen - nur als Halskette

Alle anderen Steine dürfen in Gold oder in Silber eingefasst werden.

Die Farben

Der Tierkreis	♈	der Widder	flammend rot
	♉	der Stier	dunkelgrün
	♊	die Zwillinge	braun
	♋	der Krebs	silbern
	♌	der Löwe	goldgelb
	♍	die Jungfrau	vielfarbig
	♎	die Waage	hellgrün
	♏	der Skorpion	purpurrot
	♐	der Schütze	blau
	♑	der Steinbock	schwarz
	♒	der Wassermann	grau
	♓	die Fische	dunkelblau

Die Planeten	☉	die Sonne	goldgelb
	☽	der Mond	silbern
	☿	der Merkur	vielfarbig
	♀	die Venus	grün
	♂	der Mars	rot
	♃	der Jupiter	blau
	♄	der Saturn	schwarz

Die Planetentypen der Frauen und Männer

Der Saturn - Der Mann des Saturntyps sieht traurig und düster aus. Er hat dunkle Haare, einen kalten Blick und tief sitzende Augen. Er ist vom hohen Wuchs und dünn. Er senkt seinen Kopf.
Die Frau des Saturntyps ist aufmerksam von Natur, hat Talent zur Wissenschaft. Manchmal ist sie aber auch eine Fanatikerin.
Der Jupiter - Der Mann des Jupitertyps hat immer guter Laune und ist gutmütig. Er hat braune Haare und helle Augen mit einem offenherzigen Blick. Er hat einen großen, runden Kopf und eine dicke Statur, er ist von kleinem Wuchs.
Die Frau des Jupitertyps mag die Macht und die Üppigkeit. Sie ist Egoistin.
Der Mars - Der Mann des Marstyps ist hitzig, aktiv und voller Lebendigkeit. Er hat helle Haare, einen schnellen und durchdringenden Blick und einen kleinen, energischen Kopf. Sein Körper ist muskulös und nicht fett.
Die Frau des Marstyps ist aktiv und mag verschiedene Bewegungen. Ihr Charakter ist despotisch. Manchmal kann sie wahnsinnig sein oder ein Verbrechen begehen.
Die Venus - Der Mann des Venustyps hat ein jugendliches, schönes und zärtliches Aussehen. Er hat lange, braune oder helle Haare und schöne leidenschaftliche Augen. Er ist von mittlerem Wuchs mit guter Statur.
Die Frauen des Venustyps sind wollüstig, sie verlieben sich leicht, manchmal sind sie lasterhaft.
Der Merkur - Der Mann des Merkurtyps hat einen lebensbejahenden, ungeduldigen und wetterwendigen Charakter. Er hat braune Haare, kleine Augen und einen unruhigen Blick. Er hat einen kleinen, klugen Kopf. Er ist klein, dünn und nervös.
Die Frau des Merkurtyps ist eine Intrigantin und Egoistin. Sie hat Talent für verschiedene Handelsgeschäfte.
Der Mond - Der Mann des Mondtyps ist schwach und leichtsinnig. Er hat konvexe Augen, einen großen Kopf und eine hohe, aber eine unproportionale Statur.
Die Frau des Mondtyps hat einen ruhigen, romantischen und manchmal lasterhaften Charakter.
Die Sonne - Der Mann des Sonnentyps hat einen energischen, hochmütigen und stolzen Charakter. Er hat schöne und ausdrucksvolle Augen. Er ist von mittlerem Wuchs und guter Statur.
Die Frau des Sonnentyps hat einen idealen Charakter und sie kann andere Leute beeinflussen.

Die Planeten und die Gefühle

☉	die Sonne	das Verständnis
☽	der Mond	das Sehvermögen
☿	der Merkur	die Sprachfähigkeit
♀	die Venus	der Geschmack
♂	der Mars	der Tastsinn
♃	der Jupiter	der Geruchsinn
♄	der Saturn	das Gehör

Die Planeten, die Laster und die Tugenden

Planeten		Laster	Tugenden
☉	die Sonne	das Vertrauen	der Stolz
☽	der Mond	die Hoffnung	der Neid
☿	der Merkur	die Wohltätigkeit	der Geiz
♀	die Venus	die Enthaltsamkeit	die Wollust
♂	der Mars	die Kraft	die Wut
♃	der Jupiter	die Gerechtigkeit	die Gefräßigkeit
♄	der Saturn	die Klugheit	die Faulheit

Die Planeten, die Tiere, die Vögel und die Fische

Planeten	Tiere	Vögel	Fische
☉ die Sonne	der Löwe	der Adler	der Lachs
☽ der Mond	die Katze	der Schwan	die Krabbe
☿ der Merkur	die Affe	der Papagei	der Fisch
♀ die Venus	der Bulle	die Taube	der Seehund
♂ der Mars	der Wolf	der Hahn	der Rochen
♃ der Jupiter	der Elefant	der Pfau	der Delphin
♄ der Saturn	der Ziegenbock	die Fledermaus	die Molluske

Die Planeten und die Pflanzen

☉	die Sonne	die Eiche
☽	der Mond	der Nussbaum
☿	der Merkur	der Olivenbaum
♀	die Venus	die Myrte
♂	der Mars	der Schlehdorn
♃	der Jupiter	die Birke
♄	der Saturn	die Kiefer

Die symbolischen Bedeutungen der Pflanzen

die Zeder - der Stolz
die Eiche - die Kraft
die Iris - der Frieden
die Lilie - die Reinheit
die Lotosblume - die Keuschheit
das Senfkorn - das Wissen
die Myrte - das Mitleid
der Olivenbaum - der Frieden
die Pomeranzenblume - die Unschuld
der Mohn - die Faulheit
der Apfel - die Sünde
die Reseda - die Zärtlichkeit
die Rose - die Liebe
der Holunder - der Fleiß
die Brennnessel - die Wollust

Die Metalle und die Planeten

☉	die Sonne	das Gold
☽	der Mond	das Silber
☿	der Merkur	das Quecksilber
♀	die Venus	das Kupfer
♂	der Mars	das Eisen
♃	der Jupiter	das Zinn
♄	der Saturn	das Blei

Uhrzeit		Sonntag	Montag	Dienstag
tagsüber	1	die Sonne	der Mond	der Mars
	2	die Venus	der Saturn	die Sonne
	3	der Merkur	der Jupiter	die Venus
	4	der Mond	der Mars	der Merkur
	5	der Saturn	die Sonne	der Mond
	6	der Jupiter	die Venus	der Saturn
	7	der Mars	der Merkur	der Jupiter
	8	die Sonne	der Mond	der Mars
	9	die Venus	der Saturn	die Sonne
	10	der Merkur	der Jupiter	die Venus
	11	der Mond	der Mars	der Merkur
	12	der Saturn	die Sonne	der Mond
nachts	1	der Jupiter	die Venus	der Saturn
	2	der Mars	der Merkur	der Jupiter
	3	die Sonne	der Mond	der Mars
	4	die Venus	der Saturn	die Sonne
	5	der Merkur	der Jupiter	die Venus
	6	der Mond	der Mars	der Merkur
	7	der Saturn	die Sonne	der Mond
	8	der Jupiter	die Venus	der Saturn
	9	der Mars	der Merkur	der Jupiter
	10	die Sonne	der Mond	der Mars
	11	die Venus	der Saturn	die Sonne
	12	der Merkur	der Jupiter	die Venus

Mittwoch	**Donnerstag**	**Freitag**	**Sonnabend**
der Merkur	der Jupiter	die Venus	der Saturn
der Mond	der Mars	der Merkur	der Jupiter
der Saturn	die Sonne	der Mond	der Mars
der Jupiter	die Venus	der Saturn	die Sonne
der Mars	der Merkur	der Jupiter	die Venus
die Sonne	der Mond	der Mars	der Merkur
die Venus	der Saturn	die Sonne	der Mond
der Merkur	der Jupiter	die Venus	der Saturn
der Mond	der Mars	der Merkur	der Jupiter
der Saturn	die Sonne	der Mond	der Mars
der Jupiter	die Venus	der Saturn	die Sonne
der Mars	der Merkur	der Jupiter	die Venus
die Sonne	der Mond	der Mars	der Merkur
die Venus	der Saturn	die Sonne	der Mond
der Merkur	der Jupiter	die Venus	der Saturn
der Mond	der Mars	der Merkur	der Jupiter
der Saturn	die Sonne	der Mond	der Mars
der Jupiter	die Venus	der Saturn	die Sonne
der Mars	der Merkur	der Jupiter	die Venus
die Sonne	der Mond	der Mars	der Merkur
die Venus	der Saturn	die Sonne	der Mond
der Merkur	der Jupiter	die Venus	der Saturn
der Mond	der Mars	der Merkur	der Jupiter
der Saturn	die Sonne	der Mond	der Mars

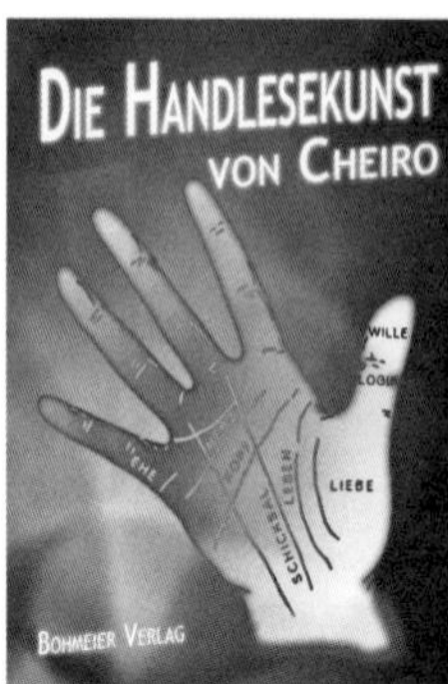
Die Handlesekunst
von Cheiro
Bohmeier Verlag

High werden ohne Drogen
Ein Bewusstseinserweiterndes Handbuch
von Frederick E. Dodson
Bohmeier Verlag

Krafttiere
Die unsichtbaren Begleiter
Bohmeier Verlag

Das Geheimnis der Dualseelen,
Seelengefährten und Seelengeschwister
von Sandra Ruzischka
Bohmeier Verlag

Des Teufels Apokryphen
Zu jeder Geschichte gibt es zwei Seiten
von John A. De Vito
Bohmeier Verlag

Sternentore
Die rätselhafte sechste Dimension

Die Entsäuerung des Körpers
in 10 Schritten
Der ultimative Jungbrunnen und Schlankmacher!
Das Säure-Basen-Gleichgewicht
Anleitung zur Ausschwemmung krankmachender Säure
Bohmeier Verlag
von Patrizia Pfister

Die geheimen Botschaften,
Manuskripte und Schätze der Templer
in RENNES - LE - CHATEAU
Die Auflösung des kosmischen Geheimnisses
das bisher nur Eingeweihten vorbehalten war
von Monika Hauf

Das Buch der
Werwölfe
von Sabine Baring-Gould
Bohmeier Verlag

Küchenmagie
von Sor. Conata
Bohmeier Verlag